U0354344

家国情怀 大师风范

「两弹一星」元勋郭永怀

江 山 主编

中国科学技术大学出版社

图书在版编目(CIP)数据

家国情怀　大师风范:"两弹一星"元勋郭永怀/江山主编. —合肥:中国科学技术大学出版社,2016.12
ISBN 978-7-312-04109-9

Ⅰ. 家⋯　Ⅱ. 江⋯　Ⅲ. 郭永怀(1909—1968)—生平事迹　Ⅳ. K826.16

中国版本图书馆CIP数据核字(2016)第279444号

出版	中国科学技术大学出版社
	安徽省合肥市金寨路96号,230026
	http://press.ustc.edu.cn
印刷	安徽联众印刷有限公司
发行	中国科学技术大学出版社
经销	全国新华书店
开本	889 mm×1194 mm　1/12
印张	13.5
字数	196千
版次	2016年12月第1版
印次	2016年12月第1次印刷
定价	200.00元

本书编委会

主　　编　　江　山

副 主 编　　刘昌松

编委成员　　江　山　　刘昌松　　曲卫伟　　郁百杨

　　　　　　　　刘朝阳　　张永波　　李　波　　于志军

　　　　　　　　王美璐　　任妮娜　　王福东　　金　蕾

序

郭永怀同志是著名的力学家、应用数学家，我国近代力学事业的奠基人之一，被授予"两弹一星"功勋奖章。

1909年，郭永怀同志出生在山东省荣成县一个普通农家，先后考入南开大学、北京大学、国立西南联合大学；1939年，考取中英庚子赔款留学生，赴加拿大多伦多大学深造，仅用半年时间就获得硕士学位；1941年，进入美国加州理工学院，师从世界著名航天工程学家冯·卡门，一举突破"声障"这个世界级难题，蜚声中外；1946年，赴美国康奈尔大学执教，成为该校航空研究院三大创立者之一，并创立了国际上公认的PLK方法。新中国成立后，郭永怀同志毅然放弃国外的优越条件回到祖国，领导和参与了我国核弹、导弹和人造地球卫星的研制工作，为我国国防科技事业呕心沥血、鞠躬尽瘁，用他伟大的一生诠释了无私奉献、以身许国的崇高精神，为我们扬起了一面旗帜，树立了一座丰碑。作为他的家乡人，我们深感骄傲和自豪。

2016年5月，荣成市委、市政府启动了郭永怀事迹陈列馆建设，10月16日正式开馆。这座陈列馆收集和整理了郭永怀同志相关的照片、著作文章、研究成果和影视资料，记录和展现了郭永怀同志的人生历程和科学成就，寄托了荣成家乡人民对他的深切怀念。希望从他的崇高精神中汲取力量，鼓舞全市人民更好地推动创新型城市建设，争当走在前列的排头兵。

为进一步弘扬郭永怀同志的崇高精神，我们组织编辑了画册《家国情怀 大师风范——"两弹一星"元勋郭永怀》，在郭永怀同志夫人李佩先生，他的同事、学生、亲友的大力帮助下，我们收集了他学习、工作和生活中的珍贵照片和图片资料。12月5日，是郭永怀同志的牺牲纪念日，在这个特殊的日子里，我们将这本画册正式向社会发布，希望通过这本画册，让更多的人走近他，理解他，铭记他，永远怀念他！

中共荣成市委书记
2016年11月

目　录

序　/ 江山 / i

第一章　荣成之子　潜心求学　/ 1

第二章　扬名海外　毅然归国　/ 17

第三章　两弹一星　功勋卓越　/ 35

第四章　家国情怀　大师风范　/ 73

第五章　以身许国　壮烈牺牲　/ 99

第六章　怀瑾佩瑜　爱在天际　/ 103

第七章　高山仰止　永远怀念　/ 123

郭永怀先生小传　/ 李家春　戴世强　/ 144

郭永怀生平大事记　/ 153

1909年4月,郭永怀出生于今胶东半岛荣成市滕家镇西滩郭家村的一个普通农家。1929年至1939年,先后就读于南开大学预科班、南开大学、北京大学,任教于威海中学、国立西南联合大学。郭永怀耳闻目睹祖国历经甲午战争、辛亥革命、五四运动,这唤醒了他内心深处的爱国意识。在顾静徽、饶毓泰、周培源等知名学者指导和影响下,他不仅打下了坚实的数学、物理学基础,更确立了科学救国的理想。1939年,郭永怀考取中英庚子赔款留学生,历经波折,1940年赴海外留学。

第一章

荣成之子 潜心求学

青少年时的郭永怀聪慧灵敏。

● 西滩郭家村鸟瞰图

● 1934年荣成县石岛私立明德小学第八级毕业典礼摄影纪念

1922~1926年，郭永怀就读于石岛明德小学高小。

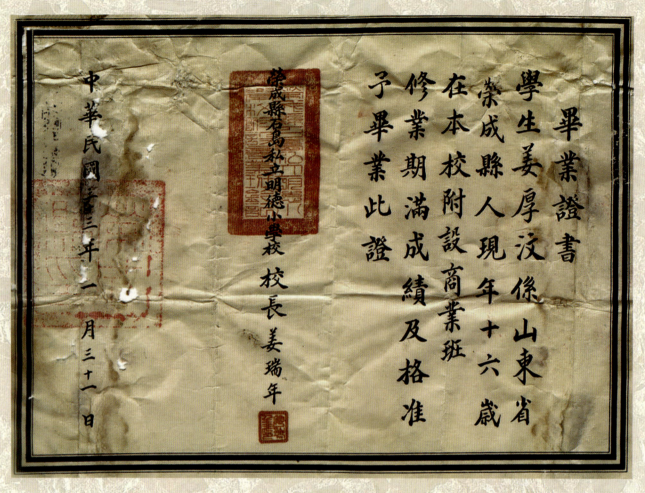

- 石岛明德小学毕业证

- 丛烈光（1909~2009）
  原名丛培阵，宁津街道后店村人，曾任上海市工商局局长，郭永怀在明德小学的同窗好友，荣成早期党组织领导人之一。

- 石岛明德小学鸟瞰图（现石岛天后宫）

1926年春，郭永怀考取青岛大学附中。

● 郭永怀在青岛大学附中读书时与同学们的合影
第一排从左至右：郭永怀、何森（山东大学医学院附属医院妇产科专家）、任质斌（曾任青岛市委书记、国家文物局局长）。

● 20世纪初的私立青岛大学附中

顾静徽（1900~1983）
中国最早的女博士之一，郭永怀攻读南开大学物理学专业时的导师。

申又枨（1901~1978）
著名数学家，北京大学教授，郭永怀南开大学预科理工班导师。

胡世华（1912~1998）
数理逻辑学家、计算机科学家，中国科学院院士，郭永怀南开大学同班同学。

陈振汉（1912~2008）
经济学家、经济史学家，北京大学教授、博士生导师，郭永怀南开大学同班同学。

1929年9月，郭永怀考取南开大学预科理工二年乙班电机工程专业。他与胡世华、陈振汉等6名志同道合的同学组织了新颖的读书会——"激社"，经常探讨专业与志向。

● 20世纪初的南开大学

- 饶毓泰（1891~1968）
  物理学家、教育家，中国近代物理学奠基人之一，创办南开大学物理系，长期担任北大物理系主任，郭永怀的导师。

- 20世纪30年代的北京大学

- 吴大猷（1907~2000）
  物理学家，被誉为"中国物理学之父"，郭永怀的导师。

1933年9月，郭永怀考取北京大学，插班进入物理系三年级学习（公费），师从饶毓泰教授。在北大读书期间，他参与了吴大猷等知名教授从事的"拉曼效应"研究工作。

1935年7月，郭永怀在北大本科毕业并留校任教，之后继续攻读研究生。

●北京大学毕业生名单及部分学生名单、住址（1935年6月）

1937年,抗日战争爆发。郭永怀被迫回到家乡,在威海中学执教。

● 20世纪30年代的威海公立第一中学(现威海二中)

● 郭永怀国立西南联合大学学生注册片

1938年3月，威海卫沦陷，郭永怀经由越南、我国香港转到昆明进入国立西南联合大学物理系半工半读。

在西南联大,郭永怀跟随周培源先生学习流体力学,研究湍流理论。

● 周培源 (1902~1993)
  江苏省宜兴县人,著名流体力学家、理论物理学家、教育家,中国科学院院士,中国近代力学奠基人和理论物理奠基人之一。

● 抗战时期的国立西南联合大学

叶企荪

饶毓泰

林家翘

段学复

钱伟长

汪德熙

- 叶企荪（1898~1977）
  物理学家、教育家，清华大学物理系主任。

- 饶毓泰（1891~1968）
  物理学家、教育家，中国近代物理学奠基人之一，创办南开大学物理系，长期担任北大物理系主任。

- 林家翘（1916~2013）
  天体物理学家，国际公认的力学和应用数学权威，中国科学院外籍院士。

- 段学复（1914~2005）
  数学家、数学教育家。

- 钱伟长（1912~2010）
  科学家、教育家，杰出的社会活动家，中国科学院院士。

- 汪德熙（1913~2006）
  化学家，核化学化工事业奠基人之一。汪家兄弟四人，三人为院士，其兄汪德昭也与郭永怀交好。

1939年夏，中英庚子赔款基金会举行第七届留学生招生考试。3000多人报考，只招收20人，其中力学专业只招1人。郭永怀与钱伟长、林家翘一起以5门课350分的相同分数并列第一，在叶企荪、饶毓泰等人的力荐下，三人同时被录取。

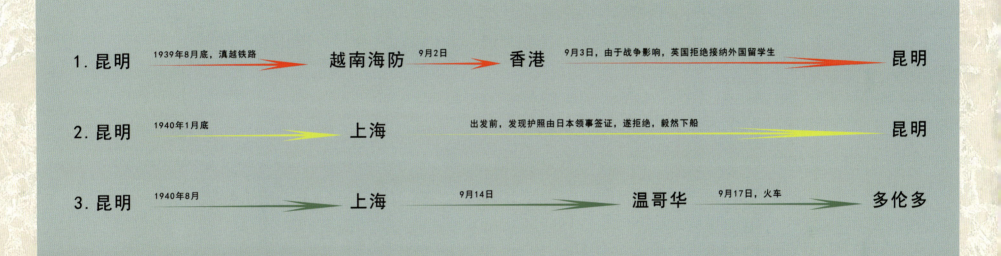

● 第七届中英庚子赔款公费留学生三次出国路线图

1. 昆明 —1939年8月底，滇越铁路→ 越南海防 —9月2日→ 香港 —9月3日，由于战争影响，英国拒绝接纳外国留学生→ 昆明

2. 昆明 —1940年1月底→ 上海 —出发前，发现护照由日本领事签证，遂拒绝，毅然下船→ 昆明

3. 昆明 —1940年8月→ 上海 —9月14日→ 温哥华 —9月17日，火车→ 多伦多

中英庚子赔款留学生：在中国"庚子赔款"后，美、英、法、荷、比等国相继与中国订立协定，退还超过实际损失的赔款。退还款项除了偿付债务外，其余悉数用在教育上，中国每年向上述国家输送相应的留学生，庚款留学生由此产生。中国共九次向英国派遣留学生，共计193人。郭永怀为第七届留学生。

● 1940年8月,第七届留英公费生在"俄国皇后号"邮轮上留影(后排右三为郭永怀)
前排左起:林家翘、欧阳子祥、张乐军、宋杰、钱伟长、汪盛年、曹飞、曹隆;
后排左起:易见龙、段学复、张孟休、靳文翰、张龙翔、朱承基、陈春沂、姚玉林、傅承义、谢安祜、沈昭文、李春芬、罗开富、郭永怀、林慰桢、韩德培。

● 1940年8月,郭永怀在前往加拿大的"俄国皇后号"邮轮上留影

1940年至1945年,郭永怀在加拿大多伦多大学、美国加州理工学院先后获得硕士、博士学位。1946年,郭永怀受聘于美国康奈尔大学航空研究院。十年间,他先后发表多篇重要学术论文,在突破声障和应用数学方面取得重大研究成果,驰名海外。新中国成立后,他积极筹划回国。1955年,美国取消了禁止中国留学生出境的禁令。1956年10月,郭永怀携夫人李佩、女儿郭芹冲破重重阻力,回到阔别16年的祖国。

第二章

扬名海外　毅然归国

1940年9月17日,郭永怀进入加拿大多伦多大学,师从英国皇家学会会员、应用数学家辛格教授和波兰物理学家英菲尔德教授。

● 郭永怀出国时的证件照

● 郭永怀收藏的多伦多大学明信片

● 郭永怀硕士毕业时和林家翘的合影

● 郭永怀硕士毕业时和林家翘（左二）、钱伟长（左一）的合影

1940年9月，郭永怀、钱伟长、林家翘同时入读加拿大多伦多大学应用数学系，郭永怀只用了半年多的时间就完成了《可压缩黏性流体在直管中的流动》硕士论文，并取得了硕士学位。数学系主任辛格赞叹："想不到中国竟有如此杰出的人才，他们是我一生中浪少遇到的优秀青年学者。"

1945年,郭永怀完成有关跨声速不连续解的论文,突破航空领域声障这一世界性难题,由此加入美国航空学会。他在应用数学领域发展了奇异摄动理论,后被钱学森命名为PLK方法,享誉世界。

- 美国国家航空咨询委员会(NACA)成员在1947年2月3日的合影
  在以冯·卡门博士(第一排左起第七位)为核心的宇航精英中,共有三位中国学者:钱学森(第一排左起第三位)、林家翘(第二排左起第一位)、郭永怀(第三排左起第三位)。

- 冯·卡门(1881~1963)
  匈牙利犹太人,1936年入美国国籍,20世纪最伟大的航天工程学家,开创了数学和基础科学在航空航天领域的应用,被誉为"航空航天时代的科学奇才"。他所主持的加州理工学院实验室后来成为美国国家航空和航天喷气实验室。我国著名科学家钱学森、郭永怀、钱伟长都是他的弟子。

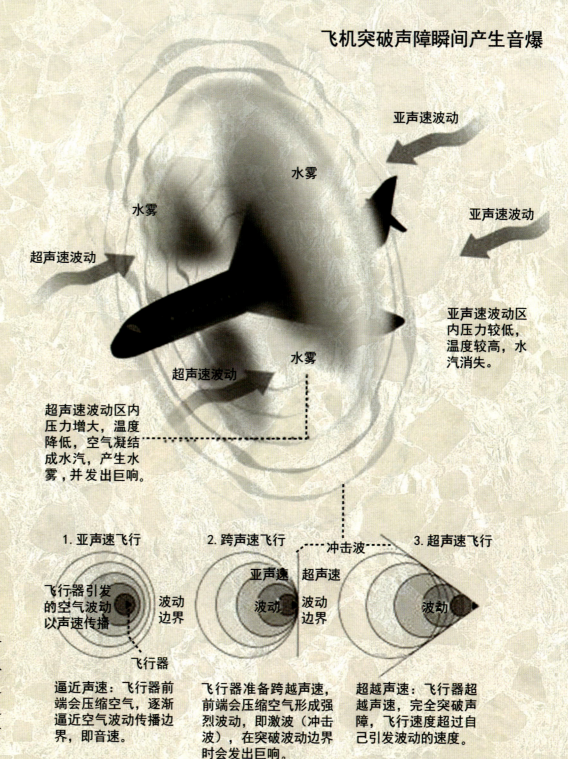

飞机突破声障瞬间产生音爆

亚声速波动

水雾

水雾

亚声速波动

超声速波动

亚声速波动区内压力较低，温度较高，水汽消失。

超声速波动

水雾

超声速波动区内压力增大，温度降低，空气凝结成水汽，产生水雾，并发出巨响。

1. 亚声速飞行

飞行器引发的空气波动以声速传播

波动边界

飞行器

逼近声速：飞行器前端会压缩空气，逐渐逼近空气波动传播边界，即音速。

2. 跨声速飞行

亚声速 超声速

波动 波动边界

冲击波

飞行器准备跨越声速，前端会压缩空气形成强烈波动，即激波（冲击波），在突破波动边界时会发出巨响。

3. 超声速飞行

波动

超越声速：飞行器超越声速，完全突破声障，飞行速度超过自己引发波动的速度。

声障：飞机在飞行速度接近声速时，会出现阻力剧增、操纵失灵的现象，飞行速度也不能再提高，人们曾认为声速是飞机速度不可逾越的障碍，故有此名。

PLK 方法：由于黏性扩散或压缩性效应使边界层厚度增加，流动偏折明显，需要计算高阶近似。由于没有现成的数学方法可以依循，郭永怀（Y. H. Kuo）提出了边界层问题中消除高阶奇性并使解一直有效的方法。他不仅给出了平板边界层二阶阻力系数和激波边界层黏性干扰的结果，同时也发展了庞家莱（Poincare）教授的参数摄动法和莱特希尔（Lightill）教授的坐标摄动法。1956 年，钱学森在《应用力学评论》（Applied Mechanics Reviews）撰文，取三人名字的姓氏的第一个字母，将该方法命名为"PLK 方法"。

● 创建美国康奈尔大学航空系的五位科学家
　从左至右：David（W. R. Sears 的儿子）、郭永怀、J. Wild、W. R. Sears、A. Kantrowitz、Reparbili。

- 郭永怀与康奈尔大学的同事和学生们合影
  前排：孙天风（左二）、潘良儒（左三）、刘绍文（右一）；
  后排：A. Toni（左二）、W. R. Sears（左三）、林绍基（左四）、林家翘（左五）、N. Rott（右四）、郭永怀（右三）、钱寿华（右一）。

- 1952年6月，A. Kantrowitz（左一）、郭永怀（左二）、W. R. Sears（右二）和谈镐生（右一）在康奈尔大学留影

RESTRICTED

Introduction and Summary

When a flow of non-viscous incompressible fluid is irrotational, it is well-known that the problem can be reduced to either the problem of Dirichlet or that of Neumann, and that there exists a unique solution for any given boundary conditions. When the fluid is non-viscous but compressible, the variation of density makes the mathematical problem very difficult and complex. In this case, a pure potential flow throughout the region is not always possible for a given body; this depends very much upon the condition at infinity. If a certain speed of the flow at infinity is reached, regions within the field of flow will be created in which the irrotational flow does not exist due to the appearance of "limiting lines". Such regions were picturesquely designated as "forbidden regions" by Th. von Kármán (Ref. 1) and they appear when the local speed of the flow considerably exceeds the local speed of sound. It has been shown that the occurrence of limiting lines is directly connected with the breakdown of irrotational flow and with the resultant increase in drag of the body due to shock waves. In other words, if there is a limiting line in the field of flow, the isentropic irrotational flow must break down. However, the irrotational flow may break down before the appearance of limiting line due to the instability of the velocity field. On the other hand, shock waves can only occur in supersonic flow. Therefore, there is no danger of breakdown of isentropic flow if the whole field of flow is subsonic. Consequently, the Mach number corresponding to the first appearance of local speed equal to that of sound can be designated as the "lower

RESTRICTED

RESTRICTED   11.

α : it denotes 1 or 2 when used as superscript with a bracket
  or $\alpha = \sqrt{\frac{\gamma+1}{\gamma-1}}$.

β : it denotes the dependence on β when used as subscript
  or $\beta = \frac{1}{\gamma-1}$.

$\lambda = \frac{4(2\beta)^{\alpha/2}}{(1+\alpha)^{\alpha}} \frac{1}{\sqrt{2\beta\tau_1}} \frac{1}{T(\alpha)}$: the ratio of the distorted speed to that at infinity.

$\tau = \frac{1}{2\beta} \frac{q^2}{c_o^2}$

$\mu = \cos^{-1}\sqrt{\frac{\alpha^2\tau-1}{2\beta\tau}}$.

ζ, η : With super- or subscript they denote some functions of τ or stand for the two families of the characteristic parameters $\vartheta + \omega(\tau)$, $\vartheta - \omega(\tau)$ of the partial differential equations for $\psi(q,\vartheta)$ or $\chi(q,\vartheta)$.

$\mathfrak{z}$: complex variable or $\mathfrak{z}(\tau)$ a function of τ .

$M_1 = \frac{V}{c_1}$: the Mach number at infinity.

$\tau_1 = \frac{1}{2\beta} \frac{V^2}{c_o^2}$.

ϵ : geometrical parameter of the body

Δ : Laplacian or difference between the exact and approximate values of a function or a constant.

E. Hypergeometric functions

  a, b, c, = parameters of the hypergeometric functions. In particular, a_ν, b_ν, c_ν are defined by (3.5) ,

  $\mathcal{F}_\nu(\tau) = F(a_\nu, b_\nu; c_\nu; \tau)$: first integral of the hypergeometric equation associated with the stream function.

RESTRICTED

Fig. 15: The compressible flow in τ, ϑ - plane $\epsilon = \frac{1}{2}$, $M_1 = 0.6$

● 郭永怀的博士论文

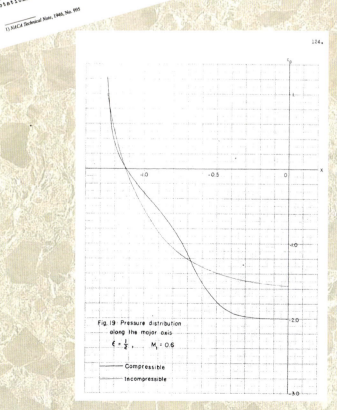
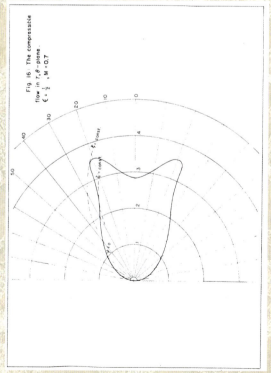

● 郭永怀与钱学森合作的论文——《可压缩流体二维无旋亚声速和超声速混合型流动及上临界马赫数》(1946年)

● 郭永怀在美国

郭永怀在国外期间发表的论文目录

名　称	时间
物体在剪切流中所受的力和力矩	1943 年
可压缩黏性流体在直管中的流动	1943 年
可压缩流体二维无旋亚声速和超声速混合型流动和上临界马赫数	1946 年
论跨声速流的稳定性	1946～1947 年
有限振幅球面波或柱面波的传播和激波的产生	1947 年
可压缩流体二维无旋跨声速流动	1948 年
关于速度图方法	1949 年
绕翼型的二维跨声速流	1951 年
论二元光声速流的稳定性	1951 年
关于中等雷诺数下不可压缩黏性流体绕平板的流动	1953 年
弱激波从沿平板的边界层的反射： I. 用动量积分方法分析弱激波与层次和湍流边界层的相互作用 II. 用微分方程方法分析斜激波与层流边界层的相互作用	1953 年
沿高超声速运动平板的黏性流动[I]	1956 年
沿高超声速运动平板的黏性流动[II]	1956 年

郭永怀在美国生活条件优越。

● 一家三口在别墅前的合影

● 郭永怀夫妇在康奈尔的别墅

新中国成立后,郭永怀内心深处的爱国激情蓬勃而起,怀揣赤子之心,开始筹划回国。他加入了留美中国科技工作者协会,拒绝参与美国机密项目研究,时刻准备回到祖国。

为提防美国移民局阻挠,他两次当众烧毁积攒多年的科研资料和手稿。历经波折,于1956年9月踏上了回国的邮轮,经罗湖口岸回到祖国。

● 郭永怀与西尔斯(W. R. Sears)等朋友在送别野餐会上,郭永怀当众烧毁书稿

● 郭永怀一家在离开美国前的合影

● 1956年郭永怀夫妇在回国的邮轮上

永怀兄：

这封信是请广州的中国科学院办事处面交，也是我们欢迎您一家三众的一点心意！我们本想到深圳去迎接您们过桥，但有来不及了，失礼了！我们一年来是生活在最愉快的生活中，每一天都被美妙的前景所鼓舞。我们想您们也必定会有一样的经验。今天是足踏祖国土地的头一天，也就是最快乐生活的头一天，忘去那黑暗的美国吧！

我个人以更电表示欢迎，请您到中国科学院的力学研究所来工作，我们已经为你在那里准备好了你的"办公室"，是一间朝南的在二层楼的房间，淡绿色的窗帘，望出去是一排松树，希望你能满意。你的住房也已经准备了，离办公室只十分钟的步行，离我们也很近，也是近邻。

自然我们现在是"统一分配"，老兄必定要填写志愿书，请您只写力学所，原因是：中国科学院有研究力学的最好环境，而且我们力学所的任务重大，非您来帮助不成。我们这里也有好几位青年大学毕业生等您来教育。此外力学所也负责讲授在清华大学中办的"工程力学研究班"（是一百多人的班，由全国工科高等学校中的四五年级优秀生组成，两年毕业，为力学研究工作的主要人才来源）。由于上述原因，我们拼命欢迎的

请您不要使我们失望。

嫂夫人与芹妹妹，我收信，请不必客气！

不多写了，期待着您。

即问旅安

欢迎！

钱学森 1956年9月11日

同此问候的是用滤如下：

钱伟长、郭永振、汪以鑫。

1956年7月和9月，钱学森两次致信郭永怀，希望郭永怀回国后一定到中国科学院力学研究所工作。

● 钱学森写给郭永怀的信

● 1957年,《光明日报》刊登郭永怀的文章《我为什么回到祖国》

1956年回国后，看到全国人民在党的领导下，实现了历史上前所未有的大团结，国家建设蓬勃开展，中国人民真正站起来了。这是我万分高兴的。

——郭永怀

这几年来，我国在共产党领导下所获得的辉煌成就，连我们的敌人，也不能不承认。在这样一个千载难逢的时代，我自认为，我作为一个中国人，有责任回到祖国，和人民一道，共同建设我们美丽的山河。

——郭永怀

　　郭永怀回国后,长期主持中国科学院力学研究所工作,又先后兼任第二机械工业部第九研究所副所长、中国航空学会副理事长等。他为中国第一颗原子弹和氢弹、第一颗人造地球卫星、第一颗装有核弹头的地地导弹的研制都做出了突出的贡献。

第三章

两弹一星 功勋卓越

● 郭永怀曾工作过的中国科学院力学研究所办公楼

周培源

钱学森

郭永怀

钱伟长

1957年，郭永怀担任中国科学院力学研究所副所长，长期主持力学所的工作。他参与制定了力学学科的发展规划，帮助我国力学研究迅速接近世界先进水平。他和钱学森一起倡导在国内开展高速和超高速空气动力学、电磁流体力学、爆炸力学的研究，拓宽力学服务领域。

中国科学院力学研究所成立不久，钱学森与郭永怀共同提出"上天、入地、下海"的办所方向，研究决策力学所的学科规划、布局、项目筹划及人才培养与教育等一系列重大问题。爆炸力学室的建立、电磁流体力学工作的开拓与实施、超高声速风洞的建设、稀薄气体课题的设立等，都是在他的组织领导下实施的。

● 工作中的郭永怀
● 中国科学院力学研究所初创时的四位院士

●国务院总理周恩来接见郭永怀等科技工作者

郭永怀同志归国后,奋力工作,是中国科学院力学研究所的主要学术领导人。他做的要比我多得多。
　　　　　　　　　——钱学森

● 1957年4月20日,郭永怀与苏联院士拉甫连捷夫、中科院力学所副所长晋曾毅在中科院力学所留影

干部簡歷表

單 位 力学研究所

职 别 研究员

姓 名 郭永怀

中共中央組織部制

中國科學院干部局翻印

1957年

姓名	現 名	郭永怀	性別	男	民族	汉	
	原 名	〃	出生年月	1909/4	家庭出身	中农	
	曾用名(或外文名)	Y.H. Kuo	籍貫	山东荣成	本人成分	科学工作	
身體健康狀況	一般						
文化程度	學歷	北京大学物理系及美国加州理工航空系毕业					
	在有文化程度						
家庭狀況	现在家庭的经济状况	每月工资450元，爱人工资约百元，长期存款三万余元					
	现在家庭主要成员的姓名、職業和政治態度	爱人李佩，小女郭芹。李佩在西郊办公室工作，起到拥护社会主义。老家有三个哥哥，多年不联系，情况不很了解，仅知三哥参加革命。					
何時何地參加工作	1957/1 北京						
是不是共產黨黨員，何時何地何人介紹，轉正年月	不是						
是不是共產主義青年团团員、何時何地何人介紹	不是						

● 郭永怀干部简历表

干 部 履 歷 表

单位 力学所

职务 研究员兼付所长

姓名 郭永怀

中共中央组织部
中国科学院干部局翻印
1963年制

姓名	现名	郭永怀	性别	男	出生年月	1909年4月4日	
	曾用名	无	家庭出身	中农	本人成分	自由职业	
籍贯		山东省荣成县崖头市西滩郭家村			民族	汉	
原有文化程度		研究院毕业	现有文化程度		工资级别	研究一级 345元	
身体健康状况		一般					
何时何地何人介绍入团、入党,何时转正		1962年7月李樹诚钱学森介绍入党 1963年7月转正。					
何时何地怎样参加工作		1956年10月在北京参加工作					
爱人情况	姓名	李佩	出生年月	1919年12月20日	政治面貌	群众	
	家庭出身	工程师	本人成分	学生	文化程度	研究院肄业两年	
	现在部门职务	科学技术大学教员			工资级别	行政17级 99元	
土改前后家庭经济情况		二个哥々从事农业,勉强维持生活。找本人当时在国外学校教书,靠工资维持生活。					

● 郭永怀干部履历表

● 郭永怀担任主编的《力学学报》

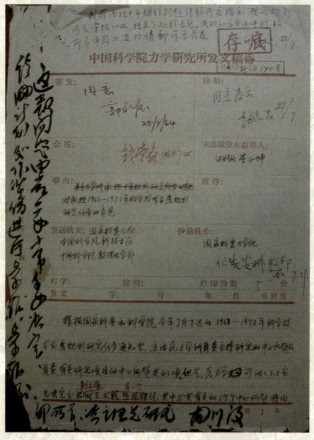
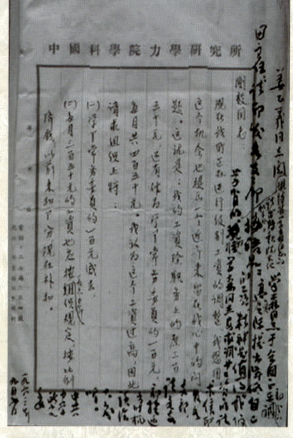
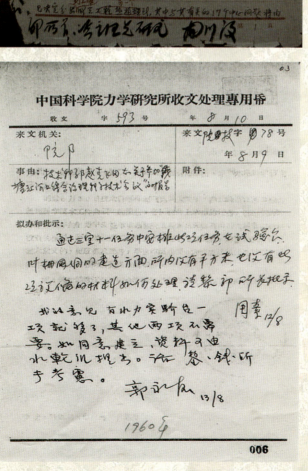
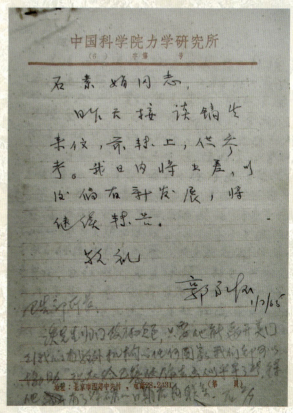

- 郭永怀在中科院力学所批示的文件
- 郭永怀给石素娟的信件

- 郭永怀著作《边界层理论讲义》
- 郭永怀、陆士嘉译著《流体力学概论》

边界层理论：郭永怀研究的主要方向之一。指流体在大雷诺数条件下运动时，可把流体的黏性和导热看成集中作用在流体表面的薄层即边界层内。根据边界层的这一特点，简化纳维-斯托克斯方程，并加以求解，即可得到阻力和传热规律。这一理论是德国物理学家 L.普朗特于 1904 年提出的，它为黏性不可压缩流体动力学的发展创造了条件，广泛地应用在动量传递、热量传递和质量传递等过程中。

电磁流体力学：主要研究三个课题，包括磁流体和等离子体的稳定性、磁流体直接发电和同位素的电磁分离、磁流体发电原理与原子能技术结合。

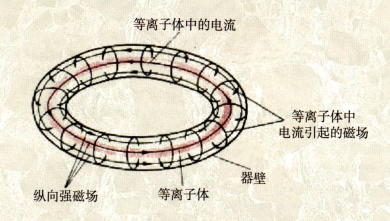
等离子体中的电流
等离子体中电流引起的磁场
器壁
等离子体
纵向强磁场

爆炸力学：力学的一个分支。研究爆炸的发生和发展规律以及爆炸的力学效应的利用和防护的学科。它从力学角度研究化学爆炸、核爆炸、电爆炸、粒子束爆炸（也称辐射爆炸）、高速碰撞等能量突然释放或急剧转化的过程和由此产生的强冲击波（又称激波）、高速流动、大变形和破坏、抛掷等效应。自然界的雷电、地震、火山爆发、陨石碰撞、星体爆发等现象也可用爆炸力学方法来研究。爆炸力学是流体力学、固体力学和物理学、化学之间的一门交叉学科，在武器研制、交通运输和水利建设、矿藏开发、机械加工、安全生产等方面有广泛的应用。

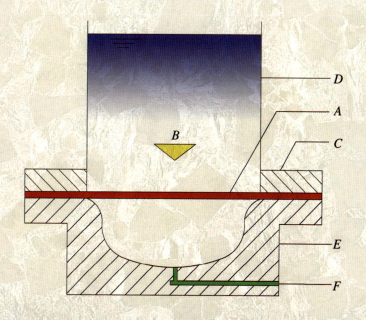

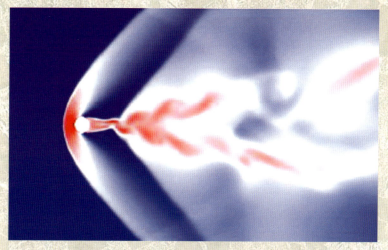

高超声速流体力学：力学的一个分支。主要研究在各种力的作用下，流体本身的静止状态和运动状态以及流体和固体界壁间有相对运动时的相互作用和流动规津。

● 郭永怀与北大教授、苏联专家合影
从左至右：北大教授段学复、苏联专家、郭永怀、北大教授张龙翔。

● 1959年11月，郭永怀（右二）赴罗马尼亚布加勒斯特参加国际力学会议期间参观实验室（左一为断裂力学专家柳春图）

● 1960年，郭永怀（左二）参加全苏第一届理论与应用力学大会

● 1960年,郭永怀与郑哲敏在北京西郊爆炸试验场讨论问题

1960年，郭永怀任第二机械工业部第九研究所副所长，与王淦昌、彭桓武等科学家一起参与我国原子弹的研制。他主要负责场外试验委员会的工作。他参与氢弹和导弹研制，解决了一系列技术难题，为核弹的武器化做出了贡献。

原子弹就是那么大的东西，没有那个东西，人家就说你不算数。那么好吧，我们就搞一点吧。搞一点原子弹、氢弹和洲际导弹，我看有十年工夫完全可以。

　　　　　　　　——毛泽东

当了裤子也要搞原子弹。

　　　　　　　　——陈毅

再穷的叫花子，也要有根打狗棍。

　　　　　　　　——张爱萍

你们要反对原子弹，自己就应该先拥有原子弹。

　　　　　　　　——约里奥·居里

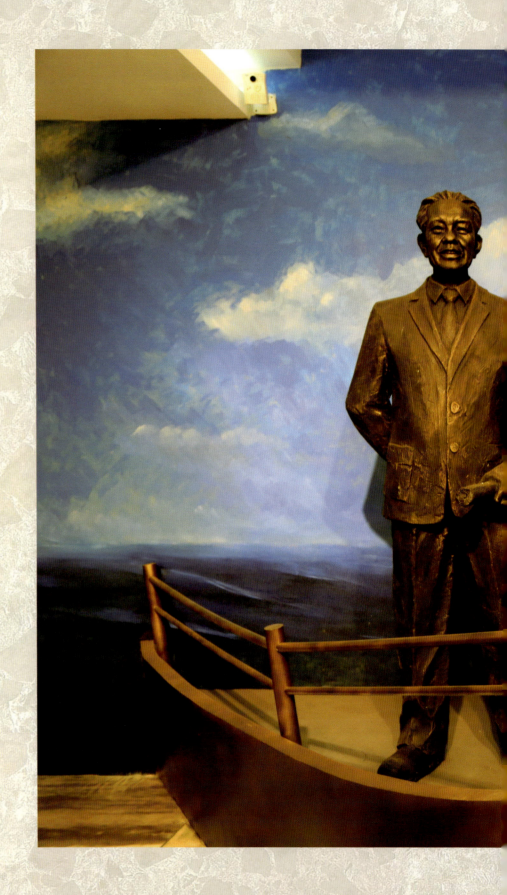

● 中国核武器早期研究的三大支柱
从右至左：郭永怀、王淦昌、彭桓武

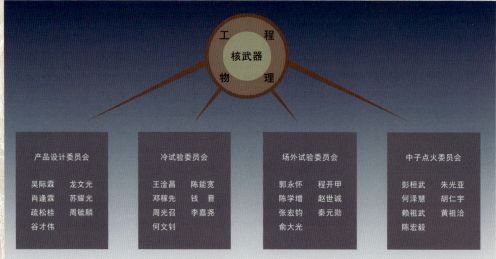

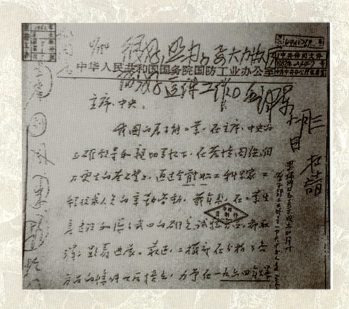

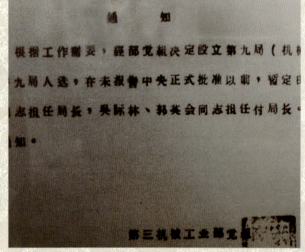

1958年，负责核武器研制的第二机械工业部第九研究所在北京成立，我国核弹研制工程正式启动。

- 原二机部第九研究所办公楼
- 原子弹"会战"的四个技术委员会
- 毛泽东主席在第二机械工业部"两年规划"报告上的批示"很好，照办，要大力协同做好这件工作"
- 成立第二机械工业部九局的相关文件

1963年初,位于青海金银滩草原的核武器研制生产基地(221基地)基本建成,郭永怀与科研队伍来到青海新建的基地,在恶劣自然条件下经常风餐露宿,突破了许多难关。1964年10月16日,我国第一颗原子弹爆炸成功。这一惊天动地的巨响,是中国在现代科学技术发展远远落后于欧美国家的情况下,用短短几年时间完成的一项科学壮举。

- 1963年,221基地在青海基本建成,郭永怀和大批科研人员秘密迁往大西北
- 1964年10月1日,第一颗原子弹爆炸前夕,试验指挥部领导与专家合影
  前排:郭永怀(左四)、彭桓武(左五)、王淦昌(左六)、朱光亚(左七)、张爱萍(左八)、邓稼先(右一)。
- 周恩来总理对221基地请示报告的批示

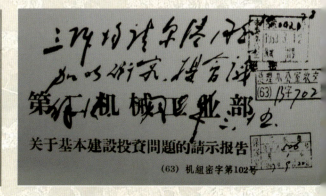

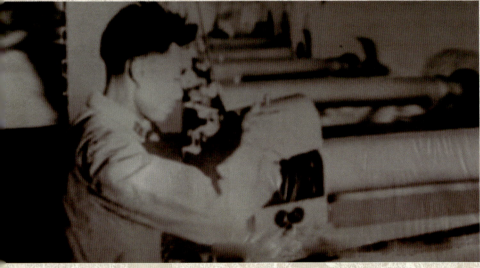

爆轰试验场为原国营221厂6分厂,是专门用于爆轰试验的场所,位于青海海北藏族自治州金银滩草原。

掩体主要用来保护研究人员免受爆炸冲击。面对爆轰方向的钢板试验墙上留有观测孔。观测孔里放入高速照相机,用于记录爆轰情况。

中国第一颗原子弹冷爆试验就在这里成功进行。

● 221基地6分厂掩体

● 工作人员在用各种探测仪器观测爆轰试验

● 我国第一个核武器研制基地(221基地)全景图

- 奔赴高原
- 青海221基地的土坯房
- 安营扎寨

● 221 基地使用的水壶、军用水罐、马灯、暖瓶

● 221基地使用的防化服和仪器

● 展厅一角

●展厅一角

1964年10月16日15时,我国第一颗原子弹在位于新疆罗布泊地区的核武器试验基地102米高的铁塔上爆炸成功,威力为2.2万吨到2.5万吨TNT当量。该弹采用铀235内爆式结构,全弹重约1.55吨。至此,我国成为继美国、苏联、英国、法国之后,第五个拥有核武器的国家。当日,中国政府郑重宣布,中国发展核武器完全是为了防御,为了自卫,为了保卫世界和平,为了打破核讹诈和核威胁,防止核战争,最终消灭核武器。

● 1964年10月16日,第一颗原子弹爆炸烟云

● 第一颗原子弹爆炸后,参试人员在爆心取样

- 1965年5月，郭永怀（右一）和钱学森（右二）在核武器试验场讨论技术问题
- 20世纪60年代初，郭永怀在现场查看爆炸成形试件

● 1965年5月30日,周恩来总理等党和国家领导人在人民大会堂亲切接见了郭永怀等参加第一、第二次核试验的专家学者

● 1965年10月30日,青海海晏国营工厂文工团到基地慰问演出后,与九院领导合影
前排:朱光亚(左三)、郭永怀(左四)、李觉(左七)、王淦昌(右六)、吴际霖(右五)、陈能宽(右三)。

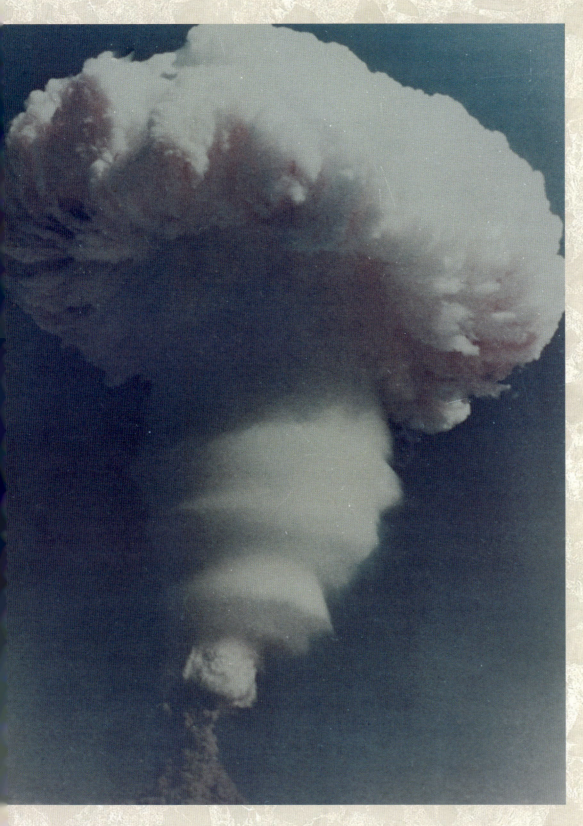

1967年6月17日，我国第一颗氢弹空投试验在我国西北地区爆炸成功，威力为300万吨TNT当量。这次试验是我国继第一颗原子弹爆炸成功后在核武器发展方面的一次质的飞跃，为战略导弹热核弹头的研制和装备部队奠定了基础，标志着我国核武器的发展进入到一个新的阶段。从原子弹到氢弹爆炸，美国用了7年3个月，苏联用了6年3个月，英国用了4年7个月，法国用了8年6个月，中国用了2年8个月，以最快的速度完成从原子弹到氢弹的跨越。

● 1967年6月17日，中国首次氢弹试爆成功

● 爆炸成功后,在核试验场欢呼的人群

● 1967年,王淦昌(左一)、彭桓武(左二)、郭永怀(左三)和邓稼先(右二)等在新疆核试验场区

● 1965年5月14日,我国首次核航弹试验成功

● 我国第一颗原子弹模型

● 我国第一颗氢弹模型

● 聂荣臻现场主持第一颗中程导弹发射

● 东风 DF-2A 导弹

● 郭永怀领导研制的541超低空地对空导弹发射装置

1964年，郭永怀当选为中国航空学会副理事长，领导和参与中国第一颗人造地球卫星"东方红一号"的研制，主要负责卫星本体和卫星回地研究工作。在他牺牲后不到两年，1970年，我国第一颗人造地球卫星发射成功。

- 1960年5月16日，钱学森（前排右一）和郭永怀（前排右二）在中科院力学所召开座谈会，讨论苏联宇宙飞船上天

- 长征一号运载火箭

- 东方红一号人造卫星
- 钱学森写给郭永怀的信（1967年8月17日）
- 钱学森写给郭永怀的信（1967年8月20日）
- 钱学森写给郭永怀的信（1967年9月4日）

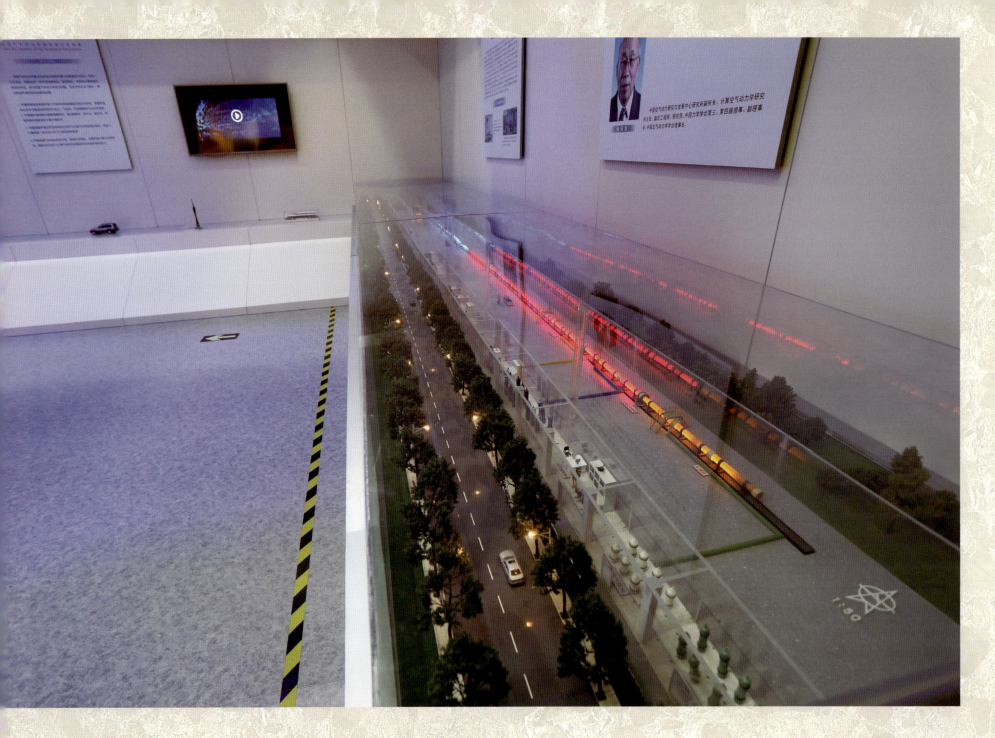

● 激波风洞模型

风洞是航空航天研究的基础,被世界各国视为重要的战略资源。早在20世纪50年代,郭永怀就提出,中国研制航天飞行器,高超声速流实验必不可少。因此,他早早地把风洞确立为研究方向,亲自指导建成了中国第一个风洞实验室。1968年,郭永怀作为主抓业务的副组长,领导组建了著名的29基地,即现在的中国空气动力研究与发展中心。虽然后来他牺牲了,但是现在的29基地正是按照郭永怀当初的规划,不断发展壮大,建成了亚洲最大的风洞群。29基地一直将郭永怀视为开创者之一。我国自主研发的长征系列运载火箭、新型战机、大型运输机、"辽宁号"航空母舰等众多重点装备,在研制中的大量关键气动难题,都是通过29基地的风洞实验解决的。

　　郭永怀是一位具有远见卓识的科学家,也是一位优秀的教育家。他甘当"铺路石子",为培养人才殚精竭虑。他无私奉献,勤奋终身;实事求是,质朴正直;严以律己,淡泊名利,深受尊敬。

第四章

家国情怀　大师风范

郭永怀具有开阔的学术视野,在钱学森和他的领导下,20世纪60年代,力学所在液体燃料火箭发动机的燃烧和传热、高速空气动力学、板壳理论、爆炸力学、地面沉降理论等方面都取得了重要研究成果。

郭永怀学识渊博,治学严谨,为人朴实真挚,深受尊敬。

- 1958年11月20日,郭永怀给力学研究班学员讲课
- 郭永怀和物理学家郑哲敏亲切交谈

● 1963年，郭永怀在解答研究生提出的问题
从右至左：郭永怀、陈允明、戴世强、李家春。

● 郭永怀学部委员证书

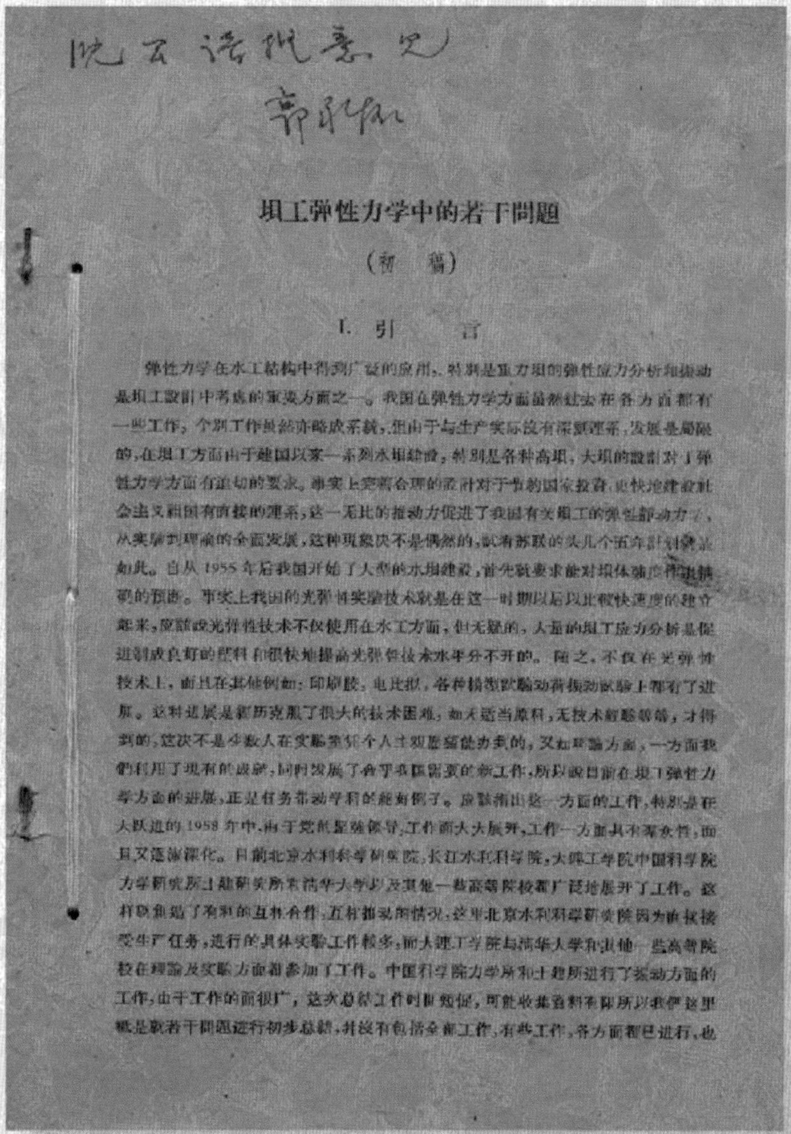

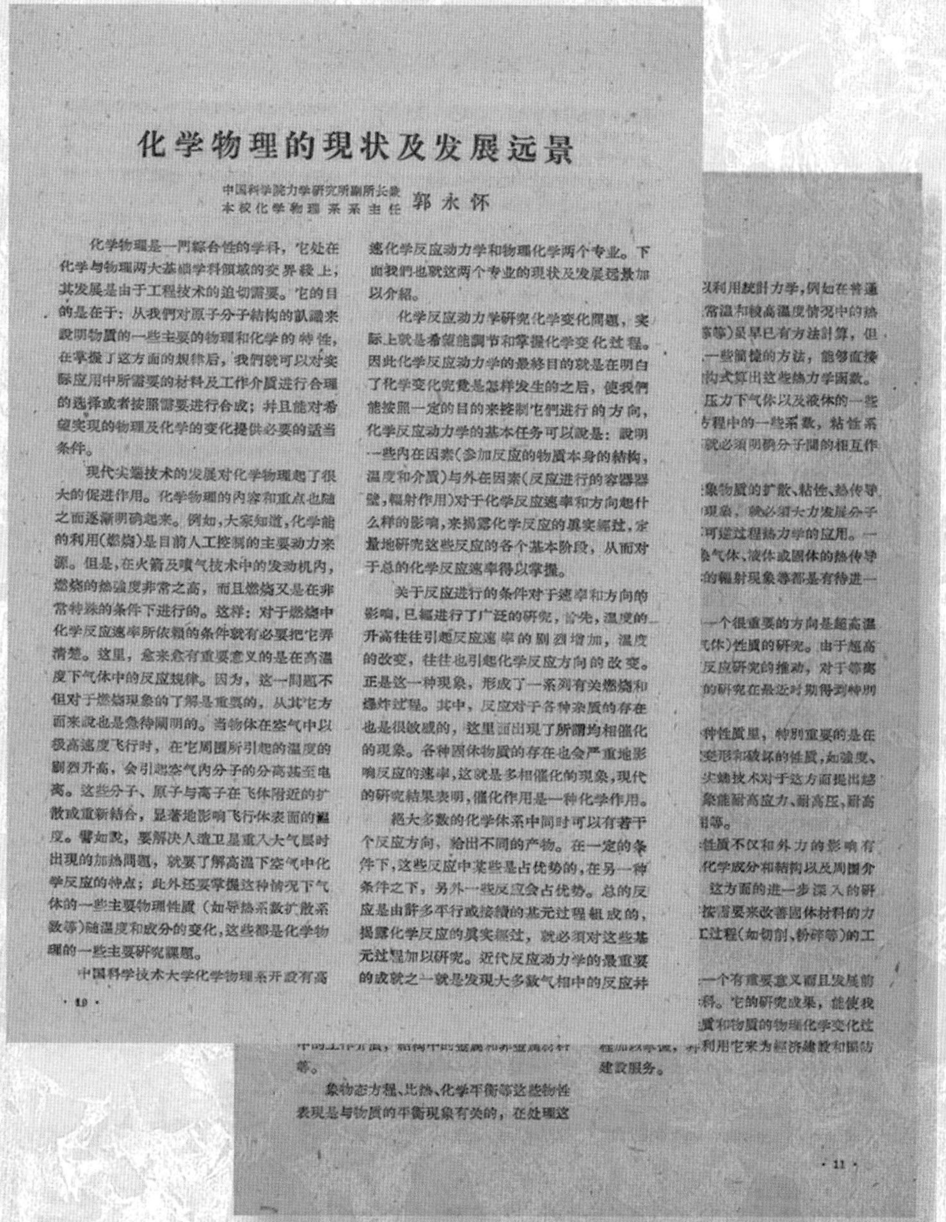

● 郭永怀主持完成的《坝工弹性力学中的若干问题》

● 郭永怀关于化学物理学科的论述

郭永怀为新中国培养出了大批科技人才,如张涵信、胡文瑞、俞鸿儒、李家春等,现已成为中国科技事业与国防建设的栋梁。

● 1957年8月,北京大学力学专业流体班毕业留念(前排右六为郭永怀)

● 1960年7月，郭永怀与清华大学工程力学研究班第二届毕业生合影（前排左十为郭永怀）

● 1958年，郭永怀指导学生（该照片被中国国家博物馆收录于《复兴之路》展览）

张涵信

中国科学院院士、流体力学家，中国空气动力研究与发展中心研究员，博士生导师，中国空气动力学会理事长。

俞鸿儒

中国科学院院士、空气动力学家、博士生导师，中国空气动力学专业委员会副主任。曾任力学研究所副所长。

胡文瑞

中国科学院院士、流体力学家、博士生导师、国家微重力实验室主任，力学研究所研究员。1996年当选为国际宇航科学院院士。

李家春

中国科学院院士、力学家、博士生导师，中国科学院力学研究所研究员，亚洲流体力学委员会主席，中国力学学会理事长。

戴世强

上海大学教授、博士生导师，中国力学研究学会数学方法专业委员会副主任，水动力力学专业组副组长。

陈允明

博士生导师。曾任中国科学院力学研究所等离子体研究室主任，《力学学报》常务编委。

● 郭永怀的学生们

1958年,在钱学森和郭永怀等人提议下建立了中国科学技术大学,郭永怀出任首任化学物理系主任。

● 创立初期的中国科学技术大学

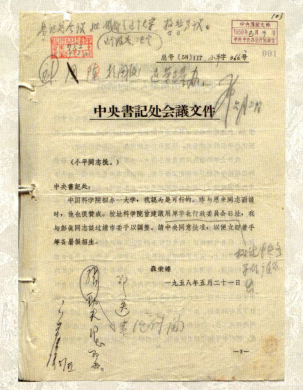

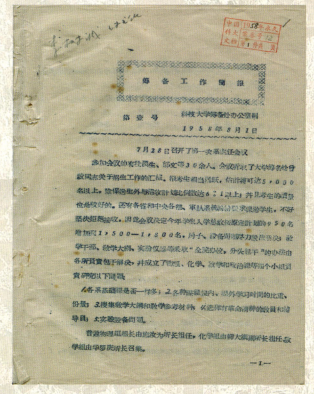
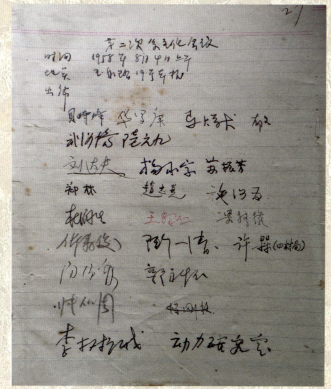

- 中国科学技术大学建校初期文件
- 中国科学技术大学第二次系主任会议签到簿

● 中国科学技术大学 1959 年学系和专业介绍

● 中国科学技术大学第一次系主任会议纪要

● 郭沫若(左一)与郭永怀(左二)参加中国科学技术大学教育工作会议

● 1960年1月13日,郭永怀(左二)与钱学森(左一)等科学家一起研究教学工作

● 1961年，郭永怀在中国科学技术大学交流教学经验

● 1963年8月，中国科学技术大学技术物理系五八级三专业毕业生合影（前排左五为郭永怀）

● 1963年,中国科学技术大学首届毕业生合影(二排左三为郭永怀)

● 郭沫若与中国科学技术大学的科学家们

从左至右：马大猷（无线电电子学系副主任）、赵九章（地球物理系主任）、华罗庚（应用数学和计算技术系主任）、贝时璋（生物物理系主任）、严济慈（副校长）、郭沫若（校长）、钱学森（力学和力学工程系主任）、郭永怀（化学物理系主任）、吴文俊（数学系副主任）、赵忠尧（原子核物理和原子核工程系主任）、杨承宗（放射化学和辐射化学系主任）、钱临照（副校长）。

中国科学院力学研究所
(65)力党字第005号

院党组：

我所郭永怀同志于元月十三日自动交给组织历年积蓄和公债卷共肆万捌千伍百零贰元正。要求转交国家支援社会主义建设。经我所杨刚毅书记亲目与他谈话，请他考虑是否全交，家庭生活是否有困难等等。他表示生活完全没有问题。态度非常坚决。

现将郭永怀、李 佩同志原信转党组，请指示。

附：(1)肆万陆千伍百元正存款单1张。
    (2)公债卷89张折合人民币贰千零贰元正。

中共力学研究所党委
1965年1月15日

张仟院长：

李着总理以节衣缩食、勤俭建国的指示，现将早年积国外的一些积蓄和几年前认购的公债现款共48,460余元奉上，请转给国家。这本是人民的财产，再回到人民手中也是理所当然。

致礼

    李 佩
    郭永怀
    13/1/65

● 郭永怀捐款文件

1968年,女儿郭芹到内蒙古呼伦贝尔盟插队。李佩被隔离审查,郭永怀仍然全身心投入"两弹一星"的研制工作。

● 郭芹(前排右一)下乡插队时的合影
● 中学时期的郭芹

● 1968年10月20日郭永怀写给女儿郭芹的信

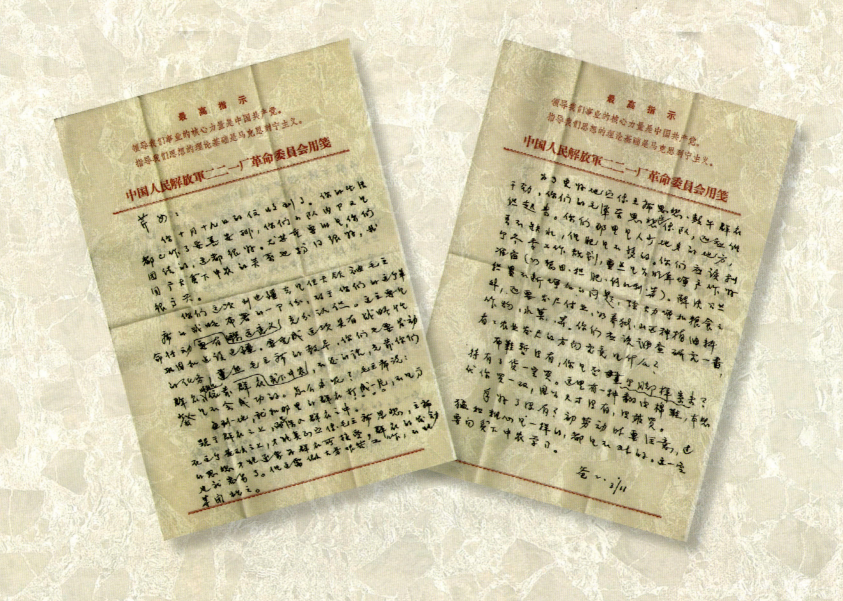

● 1968年11月3日郭永怀写给女儿郭芹的信

● 郭永怀夫人李佩教授

郭永怀摄影作品

郭永怀摄影作品

● 钱学森院士和蒋英教授

郭永怀摄影作品

● 郭永怀自画像

郭永怀摄影作品

1968年12月4日,郭永怀在试验中发现重要线索,从青海基地连夜乘机赴北京汇报。5日凌晨,飞机失事。在坠机起火的一瞬间,他把装有研究数据文件的公文包放在胸前,和警卫员牟方东紧紧抱在一起,用血肉之躯把文件完整地保护了下来。

第五章

以身许国　壮烈牺牲

● 郭永怀牺牲时的遗物——手表和眼镜片

- 1968年12月，郭永怀被内务部授予烈士称号
- 《人民日报》刊登的郭永怀牺牲讣告

　　郭永怀与妻子李佩相恋于美国康奈尔大学,1948年结婚。夫妇二人兼学中西、相濡以沫。他们一样的宽厚而谦和,一样的高洁而平实,一样的挚爱祖国和人民。

　　李佩先生长期任教于中国科学技术大学。她创办了国内首期应用语言研究生班,参与筹建中国科学技术大学研究生院英语系,培养出新中国第一批博士生;她与李政道合作,输送出新中国第一批自费留学生;她耄耋之年创办"中关村大讲堂"。她把"两弹一星"功勋奖章捐赠给中国科学技术大学,又把60万元存款分别捐献给中国科学技术大学和中国科学院力学研究所。

第六章

怀瑾佩瑜

爱在天际

李佩，江苏镇江人，1918年出生于北京。1937年考入北京大学经济学系，毕业后在重庆中国劳动协会工作。受到中共地下党员影响，她参与诸多进步活动，如创办工人夜校、协助美国劳动协会将捐款送到延安等。1947年，李佩赴美国康奈尔大学工业与劳工关系学院学习。

● 大学时期的李佩

● 李佩在教学

● 1945年，李佩(左一)参加第一次世界妇女大会

1947年,郭永怀与李佩相识于美国康奈尔大学。相同的国籍,共同的爱好,让两个人越走越近。

● 郭永怀和李佩在家中的合影
● 郭永怀和李佩在美国

● 1948年,郭永怀(39岁)、李佩(30岁)在美国纽约州 Ithaca 结婚

● 郭永怀一家三口

● 李佩与郭芹

他们婚后的生活幸福而宁静。1951年女儿郭芹出生。

1956年回国后，他们一直住在中关村特楼13号楼。

● 郭永怀和李佩回国后的合影

● 郭永怀一家三口

● 李佩与郭芹

● 郭永怀一家三口

● 1957年春节,物理学家、中国水声事业奠基人汪德昭及夫人到郭永怀家做客

● 1960年,钱学森夫妇(前排)、郭永怀夫妇(后排)和汪德昭(后排右一)一起游览颐和园

郭永怀去世后，李佩继续从事教育事业。她与李政道一起实施的"中美联合培养物理类研究生计划"项目，让950多名中国优秀学生得以免费赴美深造，他们很多后来成为海内外学术界、工商界翘楚。她81岁创办了著名的"中关村专家讲坛"，94岁时仍坚持每周参加小型研讨会。这位"年轻的老人"，至今仍在60年前她与郭永怀刚回国时居住的房子里独自生活着。

怀瑾佩瑜 爱在天际

● 李佩81岁时,创办"中关村大讲堂",先后举办600多场报告
● 李佩与参加国家最高科技奖颁奖大会人员合影

● 2003年,李佩将郭永怀"两弹一星"功勋奖章无偿捐献给中国科学技术大学
（右为中科大党委书记郭传杰,左为校长朱清时）

中国科学技术大学根据郭永怀的事迹创作了音乐剧《爱在天际》。该剧列入中国科协、教育部、团中央、中国科学院、中国工程院联合举办的《共和国的脊梁》。

● 音乐剧《爱在天际》首演海报

● 《共和国的脊梁》之《爱在天际》光盘

● 郭永怀用过的德国相机和皮箱

● 郭永怀的遗物

● 郭永怀用过的办公椅和沙发

● 郭永怀赠送给学生胡文瑞院士的西餐具

郭永怀以赤子之心报国,为中国的力学事业、国防科技事业、航空航天事业贡献了毕生精力。斯人已去,风范永存。

第七章

高山仰止

永远怀念

● 1999年9月18日,中共中央、国务院、中央军委在人民大会堂召开大会,隆重表彰为研制"两弹一星"做出突出贡献的科技专家,郭永怀被授予"两弹一星"功勋奖章

● 23位"两弹一星"功勋

- 1988年12月5日,中国科学院力学研究所纪念郭永怀牺牲二十周年大会现场
  前排左起:韩林、郑哲敏、钱三强、钱学森、周培源、张爱萍、朱光亚、王佛松;
  后排左起:屠善澄、谷超豪、彭桓武、汪德昭、高原、傅承义、程开甲、谈镐生、王淦昌、李觉。

- 中国科学院力学研究所举办郭永怀诞辰九十周年纪念大会

- 荣成博物馆东广场的郭永怀雕像
- 中国科学技术大学郭永怀塑像
- 中国科学院力学研究所郭永怀塑像
- 《边界层理论讲义》(中国科学技术大学出版社出版)首发式发行
- 中国工程物理研究院郭永怀塑像
- 中国空气动力研究与发展中心永怀亭

在郭永怀曾经工作过的地方，只要一提起他，人们的敬仰之情都溢于言表，每年的牺牲纪念日，人们都会用各种形式纪念和缅怀他。

● 郭永怀在中科院力学所的办公室

- 2016年10月16日郭永怀事迹陈列馆正式开馆
- 威海市委常委、组织部部长霍高原与中科院力学所副所长尹明共同为力学所党员教育基地揭牌

- 荣成市委书记江山与中科大档案馆副馆长方黑虎共同为中科大党员教育基地揭牌
- 荣成市委副书记、市长刘昌松在开馆仪式上致辞

- 郭永怀的同事、亲友在开馆仪式上
- 2016年10月16日,郭永怀精神研讨会在荣成召开

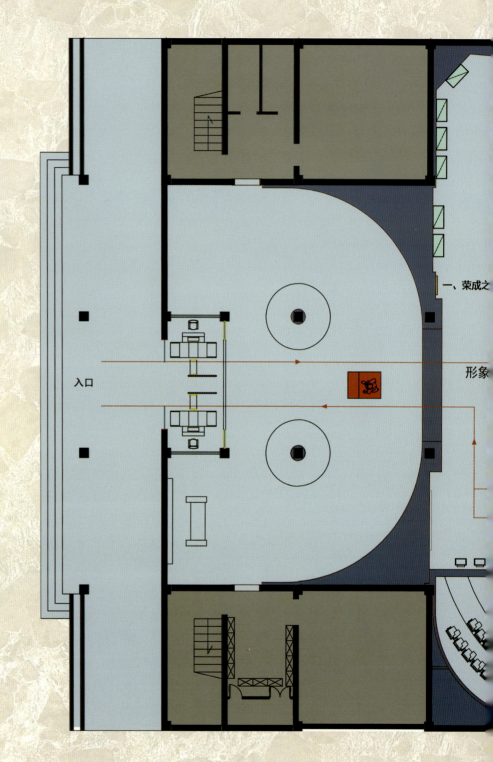

● 郭永怀事迹陈列馆外观，馆名由中国工程院原院长、第九届全国政协副主席宋健题写

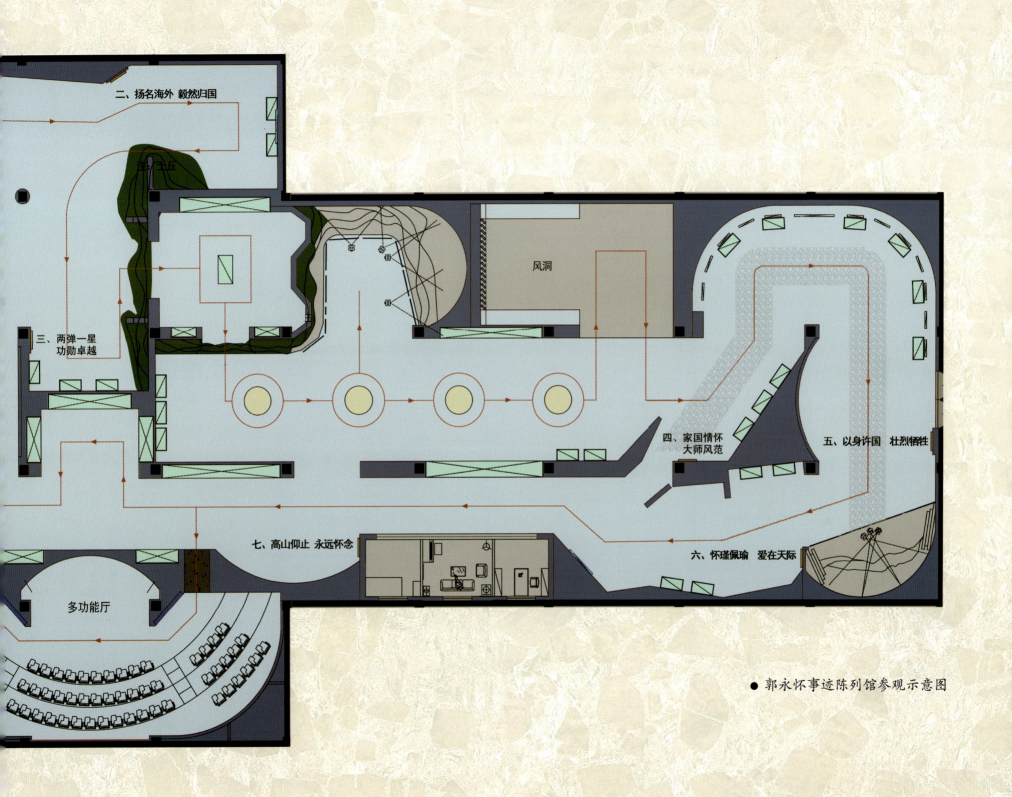

● 郭永怀事迹陈列馆参观示意图

● 郭永怀事迹陈列馆序厅

● 序厅一角

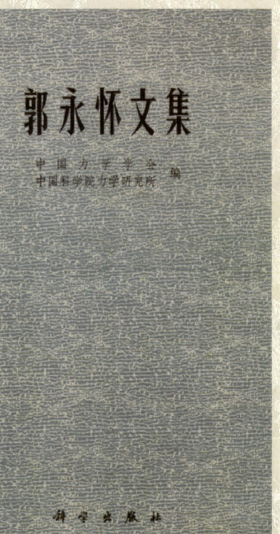

● 郭永怀文集

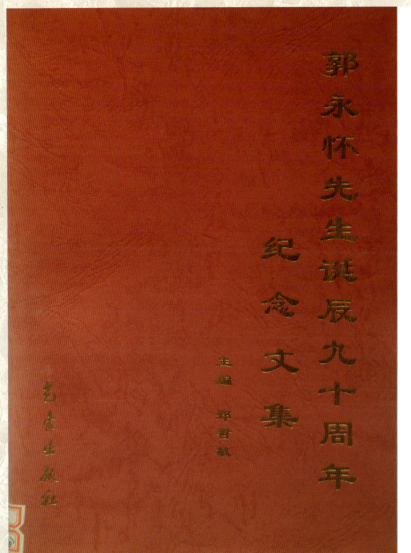

● 郭永怀文集

学习郭永怀同志的献身精神，团结一致，艰苦奋斗，为发展我国的科学事业和赶超世界先进水平而共同努力！

纪念郭永怀烈士逝世二十周年

张爱萍

一九八八年十二月一日

郭永懷教授為開創和發展我國的核技術和核工業為提高我國的科學技術水平做出了卓越貢獻，我們要以郭永懷教授為榜樣，發揚堅持不懈奮鬥不息的獻身精神，為進一步發展我國的科學事業趕超國際先進水平而努力。

紀念郭永懷教授犧牲二十周年

宋任窮
一九八八年十二月三日

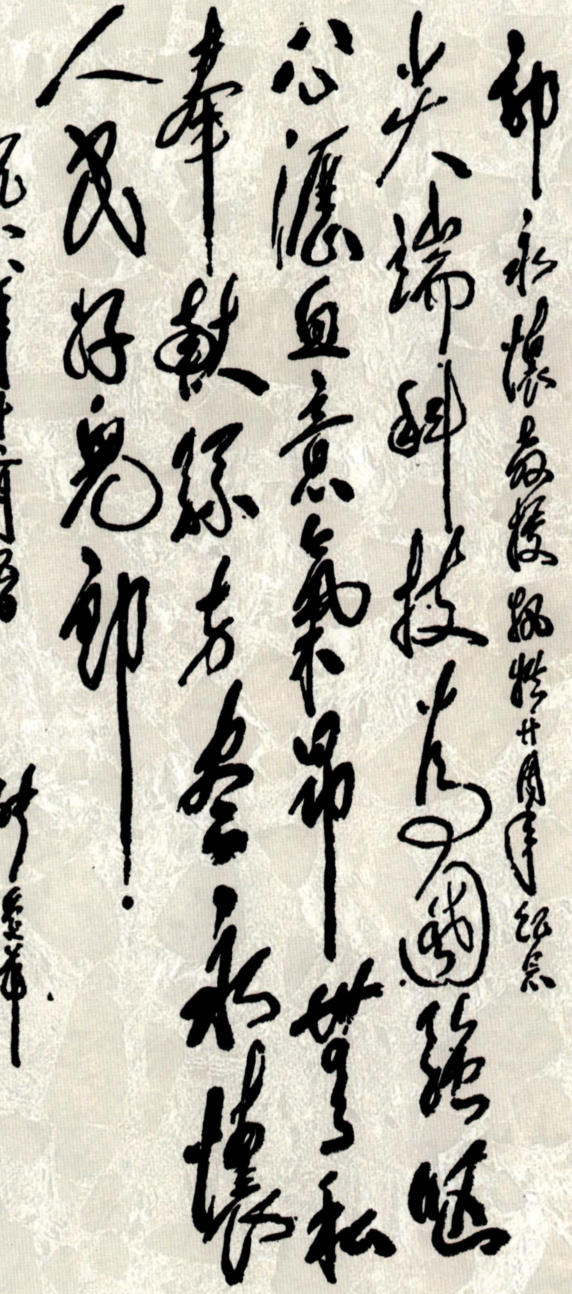

郭永怀教授殉职廿周年纪念
尖端科技为国殉躯
公心血意气昂无私
奉献[illegible]永怀
人民好儿郎！
九八八年十二月五日
张爱萍

● 郭永怀事迹陈列馆开馆纪念信封

● 2014年发行的郭永怀纪念邮票

巨幅长卷"以身许国图"以 23 位"两弹一星"功勋科学家为素材,以万里长城和祖国河山为背景,再现了科学家们"以身许国壮河山"的豪情壮志。

●《以身许国图》毕建勋作

郭永怀先生小传

勤奋攻读的穷学生

1909年,郭永怀出生在胶东半岛荣成县的一个海边小村——西滩郭家村。父亲务农,家境贫寒。郭永怀自幼就帮着家里拾柴火、放牛、赶"小海"。他的叔叔是个秀才,看到郭永怀从小好学,就把他带到自己的私塾里去念书。村子里没有高小,读完私塾后,郭永怀考取了离家45里远的石岛镇明德小学。勤奋刻苦使他在班上崭露头角,并以优秀的成绩毕了业。接着,郭永怀考取了青岛大学附中公费生,成了村子里的第一个中学生。

1929年盛夏,贫穷的郭永怀孤身一人来到天津。他以优异的成绩考上南开大学预科理工班公费生。当时,学校里有一些学生嫌郭永怀"土气",不屑于与他为伍,郭永怀则一头扎进了知识的海洋,并且找到了三五个志同道合的"寒门子弟",在一起组织了一个新颖的读书会——"微社"。他们平时相互切磋砥砺,星期日聚会,报告交流学习心得,数年如一日,从未间断。微社的同伴后来多数成了学者名流,其中有数学家胡世华、经济学家陈振汉等。他们把郭永怀视为忠厚长者,对他的人品学问十分佩服。

1931年,郭永怀转入本科,决心攻读物理学。南开大学当时没有物理系,他打听到电机系有一位物理学教授叫顾静徽,就投到她的门下,成了她唯一的物理专业的学生。顾先生非常赏识这位好学不倦的学生,为他单独开课。

当时,在北京大学物理系有位著名的光学专家饶毓泰教授,他曾在南开任教。顾先生认为,郭永怀应该到他那儿深造。1933年,这位渴求知识的青年得到了北京大学物理系的奖学金。从此,他在名师指点下,学业上更加突飞猛进。两年之后,他成了饶先生的研究生,饶先生也为有这样一个在数学、物理上造诣颇深的学生和助手而感到高兴。

抗日战争开始之后,1938年郭永怀随校迁往昆明西南联大。这时他的兴趣从光学转向力学。当时,他借住在昆明的昆华中学高中部。一个小小的四合院里真可谓人才济济,其中有后来成为知名学者的钱伟长、林家翘、段学复、汪德熙等人。1939年仲夏,传来招收中英庚款留学生的消息,小院子里一时沸腾了,多数人跃跃欲试。饶毓泰教授极力推荐郭永怀应试。原先,考试委员会只准备招收1名力学专业研究生,郭永怀与钱伟长、林家翘一同应试,结果考分相同,最终3人全部被录取。1940年9月郭永怀出国,开始了留学生涯。

在跨声速领域取得重大成就

1940年9月,郭永怀同钱伟长、林家翘一道远涉重洋,来到加拿大多伦多大学(University of Toronto)求学。他们在该校应用数学系知名教授、力学家辛吉(J. L. Synge)的亲自指导下进行学习。半年之后,他们都取得了出色的成绩。该校一些优秀的学生与他们相比,也相形见绌。辛吉教授赞叹说:"想不到中国有这样出色的人才,他们是我一生中很少遇到的优秀青年学者!"郭永怀在加拿大不到一年,就完成了《可压缩黏性流体在直管中的流动》这篇具有独特见解的论文,获得了硕士学位。接着,他向辛吉教授表示要研究一个更难的题目:可压缩流体跨声速流动的不连续问题。辛吉回答说:"可以做,但是很不容易啊!"由于导师对此也不甚熟悉,郭永怀决心求教于当代航空大师——冯·卡门(Theodore von Kármán)。

1941年5月,郭永怀来到美国加州理工学院所在地——帕萨迪那(Pasadena, Calif.)。那里有一大批世界上最优秀的流体力学和空气动力学专家聚集在冯·卡门身边,有装备最为先进的古根汉姆航空实验室(GALCIT),这对于立志投身航空工业的郭永怀来说,实在是一个难得的优良环境。他向冯·卡门陈述了自己想攻跨声速难题的想法,不料正中冯·卡门的下怀。这位性格热情的大师对站在他面前的腼腆的青年学者十分喜爱。原来,他自己和他的同事也在探索这个棘手的难题呢!

20世纪40年代初期,国外航空工业蓬勃发展,已具有相当高的水平。其标志之一就是飞行速度不断提高,达到每小时700公里。可是,当人们尝试进行跨声速飞行时,也就是飞行速度接近声音在空气中的传播速度(约每小时1200公里)时,却遇到了极大的困难。飞机一达到这种速度,驾驶员就感觉到一系列蹊跷的现象:飞机受到的阻力剧增,支撑飞行的升力骤降,舵面失灵,头重尾轻,甚至机翼、机身发生强烈震动。这一切像一堵高墙,阻挡了航空工业发展的道路,人们称它为"声障"。多少勇敢的飞行员试图逾越这一障碍,可结果都是机毁人亡,以失败告终。难道"声障"果真是不可逾越的吗?这是摆在当时力学家和航空工程师面前的一个严重问题。

可是,要在理论上解决这个问题绝不是轻而易举的事情。这是一个难题,根本没有现成的方法可以遵循。凭着郭永怀的才识完全可以避开这个难题,另走一条平坦大道,博士学位唾手可得。但是,为了科学的发展,他偏偏选择了这条荆棘丛生的崎岖小道。冯·卡门非常钦佩这个中国青年的无畏精神,他逢人便讲:"郭正在做一个最难的课题,你们不要用零碎事情去打扰他。"

从此,郭永怀开始了最艰苦的研究工作。

历经困难、挫折和失败,通过4年多时间的辛勤劳动,郭永怀终于在跨声速流动的研究上取得重大成果。1945年,他以坚强的毅力完成了有关跨声速流动不连续解的出色论文,获得了博士学位。

郭永怀在跨声速领域里的学术成就获得了世界公认。值得指出的是:他和钱学森一起提出了上临界马赫数[①]的概念。这是一项重大发现,为解决跨声速飞行的工程问题提供了理论基础。由于科学家和工程师的共同努力,人类终于在1948年突破了"声障",跨声速飞行获得了成功。郭永怀的研究成果在其中起了重大作用。

在应用数学方面做出重大贡献

1946年,由于郭永怀在空气动力学研究方面做出了突出贡献,在康奈尔大学(University of Cornell)主持航空研究生院的西尔斯(W. R. Sears)教授决定聘请郭永怀前去任教。9月,郭永怀来到美国东部风景秀丽的城市伊萨卡(Ithaca, N. Y.)。在那里,他度过了十个春秋,主要从事黏性流体力学研究。

郭永怀在老师、哥廷根应用力学学派的传人冯·卡门的影响下,继承优良的科学传统,以科学和工程融合的态度从事研究工作。由于他擅长数学分析,因而能高屋建瓴,洞察复杂的数学方程的本质,准确无误地估计各物理量的数值关系,驾轻就熟地获得简洁、优美、合用的数学结果。在求解跨声速问题时,就是他在函数论方面的高深造诣,使他比别人处于有利地位,克服了速度图法(hodograph)[②]中的难点,捷足先登。当时,康奈尔大学航空研究生院主要由西尔斯、郭永怀、康脱洛维支(A. Kantrowitz)三人主持教学和研究工作,他们的学术风格和专长各有千秋,但遇到数学上的疑难问题,往往是郭永怀去解决。

郭永怀于1953年发表了《在中等雷诺数下绕平板的不可压缩黏性流动》,提出了准确描述平板前缘流场的新结果。之后,他再接再厉,用这一方法解决了有关的激波-边界层相互作用问题,于1956年发表了这一成果。目前这两篇文献已经成为奇异摄动理论的经典著作。1956年,钱学森在综述这一有普遍意义的数学方法时,为了纪念对此做出贡献的开创者,把它命名为PLK方法,即庞加莱-莱特希尔-郭永怀方法。

---

① 马赫数——流速与声速的比值。
② 速度图法——将微分方程的因变量、自变量互换,使非线性方程变成线性方程的数学方法。

郭永怀在力学和应用数学上的一系列成就使他又一次驰名世界。英国的莱特希尔教授、日本的谷一郎教授相继邀请他前去讲学。遗憾的是,他们的这一愿望始终未能实现。

郭永怀在栖身国外的日子里,深切怀念着处在水深火热中的祖国。

新中国成立前夕,康奈尔大学校园内出现了一个进步组织——中国科学工作者协会美国分会,他欣然参加,而且有会必到,还经常把朋友们邀请到家里,热烈地讨论祖国的命运和未来。1949年10月1日新中国诞生了,回国探亲后的夫人李佩给他带回了祖国经历历史性巨变的佳音。他俩恨不得立即飞回祖国,参加建设。可是,当时中美关系正蒙着一层阴影,回国阻力重重。

1953年,应钱学森邀请,郭永怀利用休假回到帕萨迪那。那时,钱学森情绪很差,美国政府为了不让他回归祖国而限制了他的人身自由,他满腔怒火,心情激动,向多年的知己倾诉衷情。其实郭永怀的心情也是一样,但他克制地规劝好友说:"不能心急,也许要到1960年美国总统选举后,形势才能转化,我们才能回国。"他们握手相约,只要一有机会就立即回国。

1955年,周恩来总理在日内瓦经过外交上的斗争,赢得了胜利,钱学森归国了,郭永怀更是归心似箭。1956年11月,郭永怀毅然放弃了在美国已经获得的荣誉、地位和优裕的工作、生活条件,回到了阔别多年的祖国。

开拓我国的力学事业

郭永怀回国后不久,就与钱学森共同承担起刚成立不久的力学研究所的学术领导工作。当时,我国力学科学事业处在极其落后的状态,旧中国遗留下来的是一支小小的理论队伍和陈旧不堪的少量设备、仪器,许多学科是完全空白的。郭永怀同力学界专家们一起运筹帷幄,认真研究了近代力学的发展方向,开拓了一些有重要意义的新兴领域,制定了学科发展规划,提出了开展力学研究的正确途径,使得我国力学界的面貌大为改观,在短短的几年内,某些方面已接近世界水平。

1957年,郭永怀经过精心准备,在力学研究所作了《现代空气动力学研究》的报告,运用他丰富的学识提出了国内空气动力学(特别是高超声速空气动力学)的发展方向,发表了许多深刻的见解。1958年春,他和力学研究所所长钱学森、党委书记杨刚毅泛舟昆明湖,给力学研究所制定了为"上天、入地、下海"服务的发展方向,提出了要填补原有空白,大力进行空间技术、高速空气动力学、爆炸力学和高速水动力学的研究,对力学研究所日后的发展产生了重大影响。

20世纪50年代，人类进入了空间技术时代，一些发达国家积极开展巨型导弹与火箭、人造卫星的研制。这时飞行器的速度已经接近或达到摆脱地球重力所必需的第一宇宙速度，于是，高超声速空气动力学自然地成了力学研究的前沿阵地。郭永怀毫不迟疑地从理论研究和实验研究两方面组织队伍开展工作。他将北京地区的力学研究队伍组织起来，成立了一个高超声速气体动力学讨论班，进行理论的探索和研究。由于郭永怀的出色组织和指导，他们在高超声速气体流动力学的理论研究方面取得了丰富的成果。

在高超声速领域里，飞行器周围空气的强烈压缩和摩擦，造成了几千摄氏度的高温环境，普通材料制成的飞行器必定会烧熔成一堆废物，因此，"热障"就像当年的"声障"一样，成为力学工作者和工程师们必须逾越的障碍。郭永怀很早就认识到，必须在飞行器表面涂上防热材料（即烧蚀材料），并且坚定地认为，在做理论研究的同时，必须大力开展烧蚀材料的实验研究。在国际上技术保密的状况下，国内必须因陋就简、自力更生地开展工作。20世纪60年代初期，力学研究所进行了上百次大型实验；在随后的动乱岁月里，力学研究所和有关单位的同志们按照郭永怀的想法继续进行实验和理论研究，在极其困难的条件下摸索出了行之有效的防热途径。我国洲际导弹的试制成功和人造卫星的返回，标志着我国科学工作者在克服"热障"方面迈出了可喜的一步，而这里面就凝聚有郭永怀的一份心血。

郭永怀在从事高超声速课题的理论研究和分析计算的同时，对实验研究也十分重视。他认为，搞实验要符合中国的国情，决不能贪大求洋。在郭永怀的指导下，科研人员研究起激波管、激波风洞，代替大型风洞进行实验研究。他十年如一日，大力抓这两项实验设备的建设和测试工作，并建立两个研究组，在他的指导下这两个组分别承担这两个项目的研究工作。至今，这两个组已发展成一个研究室，为基础研究和国防任务提供了大量可靠的数据，为我国气动实验基地建设同类大型实验设备摸索了途径，更为重要的是培养了一批既懂实验技术又会理论分析的人才。

爆炸力学这个迅速发展的新学科也曾经引起郭永怀的极大关注。20世纪50年代末期，他就亲自过问，组织起一支研究队伍。翻开他的记事本可以看到，爆炸力学的各项任务课题始终占着重要地位。他时刻牵挂着长江三峡水电站、成昆铁路以及大型国防工程建设。在完成任务的过程中，他经常语重心长地对大家说："我们不能单纯地完成一项项具体任务，还要从中找出规律性的东西，这样才能有所发展，有所前进。"他给大家选定爆炸物理学方面的参考书，要求年轻人一定要读懂、读通。在他的关怀下，在当时还很年轻的室主任郑哲敏的率领下，爆炸力学研究室迅速地成长了起来。这个研究室多年来进行了成百上千次实验，完成了爆炸成型、定向爆破、穿甲破甲等方面的许多重要任务，多次获奖,为社会主义建设做出了积极贡献,并在爆炸相似律、空化理论、流体弹塑性模型等方面为爆炸力学这门新兴学科充实了内容。

电磁流体力学是20世纪40年代以来出现的新兴学科,主要研究导电流体在磁场中的运动规律。电磁流体力学原来是天体物理学气体放电方面的研究领域,50年代以来,由于能源危机迫在眉睫,也由于高速流动中的电力现象的出现,这一学科引起了更多方面的关注。郭永怀抓住这一苗头,在力学研究所亲自策划组织了电磁流体力学研究组(后来发展成一个研究室)。他以科学家的远见卓识,为这个组选定了三个重要的研究课题:磁流体和等离子体稳定性、磁流体直接发电、同位素的电磁分离。在郭永怀的鼓励和指导下,这个研究组的同志们做出了一批成果,写出了一批专著和论文,有关等离子体稳定性的一些工作还受到了国内外有关方面的重视。这支队伍成了我国电磁流体和等离子体研究的中坚力量之一。

为研制核武器奋斗

1980年1月,钱学森在《郭永怀文集》后记中写道:"郭永怀同志归国后奋力工作,是中国科学院力学研究所的主要学术领导人;他做的比我要多得多。但这还不是他的全部工作,1957年年初,有关方面问我谁是承担核武器爆炸力学最合适的人,我毫不迟疑地推荐郭永怀同志。郭永怀同志对发展我国核武器是有很大贡献的。"事实确实如此。郭永怀认为"千里之行,始于足下",必须首先组织起精悍的研究队伍,让大家充分掌握必需的基础科学知识。他和大家一起制定了近期、远期规划和研究措施。对于飞行力学、流体力学和环境科学等方面的问题,他给大家进行了细致入微的指导,并亲执教鞭,给大家讲授爆轰学这门涉及流体力学、固体力学、高温物理学和化学的边缘学科。他事必躬亲,不仅为大家安排了各种研究课题,而且自己动手做了大量的计算工作,解决了核武器研制中许多重大的疑难问题。为了攻克科学和工程技术难关,他亲自参加和主持各种技术委员会、研究班、讨论会,以他渊博的知识提出了很多极有价值的意见和建议,为我国核武器研究做出了积极的贡献。由于他和同志们的共同努力,我国核武器的水平在短时期内迅速接近世界水平。1964年10月16日,当我国上空冉冉升起第一朵蘑菇云时,他正在现场附近,其激动的心情是可以想象的。此后,他更加兢兢业业地投入新的战斗。除了参与核武器研制工作之外,他还对火箭发动机、超低空导弹、反导弹武器的研制和第一颗人造卫星的设计做出了重要贡献。

辛勤培养力学人才

郭永怀深深地懂得，要使我国的科学事业兴旺发达，光有少数老专家是不行的，必须不断地培养成千上万的后继者。因此，他把培养年轻一代的力学工作者视为自己的神圣职责。他常把自己比喻为"一颗铺路石子"，让年轻人从他身上踩过去。他为培养下一代无私地贡献了自己的一切。

回国后不久，他就与周培源、钱学森、钱伟长等一起，规划了全国高等学校力学专业的设置，组织领导了全国三届力学研究班。郭永怀亲自指导的八位研究生中，有三位成为中国科学院院士。

1958年春，他和钱学森一起提议：为培养我国未来的航天科研人员，成立星际航行学院。此提议后来经中国科学院报经中央批准后，决定成立涵盖各重要学科和边缘科学研究的中国科学技术大学。郭永怀担任中国科学技术大学化学物理系主任，为该系的创立操劳筹划；同时，他还在该校的近代力学系开课，讲授边界层理论；他亲自带研究生，培养助手，指导一批青年搞研究工作。他循循善诱，诲人不倦，以渊博的学识和出色的指导艺术，以他的全部热情和关怀，为祖国造就了一大批优秀人才。

1962年夏，郭永怀开始为在中国科大开讲"边界层理论"紧张备课，同助手们一起编写讲义。他几次放弃休假疗养的机会，坚持与助手们一起紧张工作，经过几个月的时间，终于编出了第一流的《边界层理论讲义》。它篇幅不大，内容精辟，是郭永怀留给我们的宝贵遗产。由于他有着丰富的研究工作经验，见解深邃，因此讲课别具一格，使学生们不仅知其然，而且知其所以然，许多人事隔多年依然记忆犹新。

郭永怀不苟言笑，但对青年一代总是寄予深情，和蔼可亲。他对于所安排的头绪众多的课题，心里有一本"明细账"。青年研究人员经常会收到他写来的纸条，上面是他那刚健的手迹，往往写的是几篇可供参考的文献；有时，他亲自把书籍、文献送到青年人手里；有时，他突然跑来与大家讨论，用他考虑到的一个更好的想法来解答上次提出的问题；对于青年同志写的研究报告，他都要反复推敲，仔细修改。为了业务工作，大家可以随时去叩他的门，而他总会放下手头的工作，与来人热情地讨论。郭永怀就像一个辛勤的园丁，为培养年轻一代的力学工作者付出了巨大的心血。

治学严谨　勤奋终生

肩负着发展我国近代力学和尖端科学事业的重任，郭永怀始终有一种紧迫感。因此，他总是不知疲倦地工作着。他的工作日程表永远是排得满满的，力学研究所和有关单位的业务问题，事无巨细，他都要亲自过问；大批文件和科研报告需要他处理。他从不午休，晚上经常工作到深夜；他没有节假日，不是照样到所里上班，就是在家里埋头书案，博览群书。正因为他无休无止地追求着新的知识，所以对国际上近代力学和尖端技术发展的新动向总是了如指掌，对各种复杂的课题总能做具体入微的指导。在国外，他有过一些业余爱好，喜欢集邮，对音乐有很高的鉴赏力，回国后，由于工作繁忙，就很难得有时间去过问他珍藏的邮集或欣赏优美的乐曲了。

在学术问题上，郭永怀以严谨著称，从不容许含糊其辞、模棱两可，更不容许草率从事、滥竽充数。他毕生发表的科学论文为数不多，但每篇都有一定的分量和价值；在发表之前，他总要反复核实，斟字酌句，非常慎重。回国以后，为了教学的需要，也为了系统介绍国外流体力学的经典著作，他亲自动手翻译普朗特著的《流体力学概论》(1952年版)，他给自己提出了信、达、雅的高要求；为了使译著准确流畅，他反复对照了德文原版和英文译本，和有关同志商讨了数十次；对原书疏漏之处，他还加上了注释。这样，前后历时8年，直至他牺牲后此书才正式出版。这本高水平的译著出版之后，连续印刷两次，畅销海内外，得到了各方面的好评。在指导科研工作的过程中，他要求制订工作计划时必须有指标、有进度，而且切实可行，如果空洞无物或言过其实就要退回重新制订；对于学术报告，他要求论点鲜明，论据充足，在一定条件下给出肯定或否定的结论；学术讨论中，他绝不放过一个细微的错误。有一次一个青年同志在报告工作时，需要画一条湍流情形下的速度分布曲线，就随便画了一条。郭永怀立即指出，它不能反映湍流的特点，要这位青年同志纠正过来。

他生前兼任《力学学报》主编，审稿时严格把关，不分亲疏，也不看投稿人"来头"大小，一律秉公办理。有一次大家对力学界一位权威的来稿发生了分歧，审稿者提出了肯定的意见，有一位青年人却提出了尖锐的批评。为此郭永怀特意组织了一次学术讨论会，倾听各方面的意见，结果发现基本方程有误，郭永怀就坚决支持了这位素不相识的"小人物"的意见。1963年，《力学学报》编辑部接到一封对一篇论文持有歧见的批评信，而论文作者是在郭永怀指导下工作的两位青年。郭永怀仔细地看了来信，并让两位作者认真考虑别人的观点，给予答复。他说："我主张发表论文，就是为了进行学术交流，以期引起讨论。别人的批评意见，只能使我们对问题有更深刻的认识。"

郭永怀坚持实事求是，从不人云亦云，一旦发现真理不在自己这一边，就能及时修正错误。郭永怀对人严格，一丝不苟，但却平易近人。有时，即使他的意见是正确的，但客观上难以实现，他也会及时收回。他曾不止一次地对青年们说："我给你们提的建议看法仅供你们参考，不一定按我的办法做，一切要经过实践的检验。"正因为他实事求是，坚持真理，虚怀若谷，不以势压人，所以他在人们心目中的威望更高了。

1965年，郭永怀曾经讲过："我作为一个中国人，特别是革命队伍中的一员，衷心希望我们这样一个大国早日实现四个现代化，早日建成繁荣富强的社会主义国家，来鼓舞全世界革命的人民。"他为实现这个宏伟的目标献出了自己的一切。

　　1968年12月5日,郭永怀从核试验基地返回北京,飞机在北京机场着陆时失事。临危时,郭永怀将装有重要资料的公文包贴在胸口,与警卫员牟方东紧紧抱在一起。飞机坠毁后,救援人员在他们烧焦的遗体间发现了保存完好的公文包。同年12月25日,郭永怀被授予"烈士"称号。

　　1999年9月18日,郭永怀被追授"两弹一星"功勋奖章。

李家春

中国科学院院士
中国科学院力学研究所研究员
博士生导师

戴世强

上海大学终身教授
博士生导师
复旦大学兼职教授
中国力学学会第八届理事会副理事长

郭永怀生平大事记

- 1909年4月4日出生于今山东省荣成市滕家镇西滩郭家村。
- 1922年~1929年先后就读于荣成石岛明德小学、青岛大学附中。
- 1929年~1939年先后就读于南开大学预科班、南开大学、北京大学,任教于威海中学、国立西南联合大学,并加入中国物理学会。
- 1939年考取中英庚子赔款留学生。
- 1940年~1956年先后就读或任教于加拿大多伦多大学、美国加州理工学院、美国康奈尔大学。突破航空领域声障难题,开创应用数学领域PLK方法。
- 1956年10月回国。1957年任中国科学院数学物理化学部委员(院士),并当选第二届全国政协委员。
- 1958年任中国科学院力学研究所常务副所长、《力学学报》主编、中国科学技术大学化学物理系主任等职;1959年当选第二届全国人大代表。
- 1960年任二机部第九研究所(院)副所(院)长,开始秘密从事核武器研制工作,后任场外试验委员会主任。
- 1962年加入中国共产党。
- 1964年任中国航空学会副理事长,领导了640项目的导弹弹头再入物理工程、541项目小型地空导弹和氢氧火箭发动机的研制工作。
- 1965年参与领导了第一颗人造卫星的研制工作;任国家科委防护工程专业组副组长;当选第三届全国人大代表。
- 1966年10月27日赴西北基地参与导弹核武器试验。
- 1967年参加空气动力学研究院的筹建工作,担任主管技术工作的副组长;参与我国第一颗氢弹爆炸试验工作。
- 1968年12月5日,因飞机失事牺牲,享年59岁。同月被内务部授予烈士称号。
- 1985年被追授国家科学技术进步奖特等奖。
- 1999年被党中央、国务院、中央军委授予"两弹一星"功勋奖章。